AF359563

IESVS PRIANT

SVR

LA CROIX.

SERMON

SVR SAINT LVC,

Chapitre XXIII. ♑. XXXIV.

Prononcé à Begle prés de Bourdeaux.

Par ISAAC SARRAV.

A SAVMVR,

Chez IEAN LESNIER, Marchand
Libraire, au Livre d'Or. 1674.

A MONSIEVR

CONRART,

CONSEILLER

ET

SECRETAIRE DV ROY.

MONSIEVR,

On ne sçauroit guéres mieux representer l'estat dans lequel vous estes, qu'avec ces paroles de l'Evangile, Seigneur, celuy que tu aymes est malade. En effet, il faut bien estre aimé de Dieu, pour estre autant aimé des hommes, que vous l'estes. Il n'y a personne, Monsieur,

de quelque profession qu'il soit, qui ne se
fasse un honneur d'estre connu de vous, &
d'avoir entrée dans vostre Maison, où les
Esprits les mieux faits & les plus estimez
du Temps abordent de tous costés, comme
à une belle Echole de politesse, où l'on apprend ce qui ne s'apprend point autre part.
Mais, Monsieur, vous avez part aussi
aux autres paroles de l'Evangile, vous estes
malade, & ce n'est pas une indisposition
legere, qui revienne seulement de temps en
temps: Ce sont de rudes & longues souffrances, qui s'en prennent à tout vostre corps
d'une maniere si douloureuse & si accablan-
te, qu'on est estonné comment, au milieu de
tant de maux, vous pouvez vivre; si ce
n'est que le vaisseau d'Election couvre &
envelope si bien le vaisseau de terre, qu'il
empesche, nonobstant sa fragilité, qu'il ne
se brise. Quoy que ces attaques frequentes
& presque continuelles, paroissent opposées
à l'amour que Dieu a pour vous; Nean-
moins, vous-mémes, Monsieur, accordez

parfaitement ces choses : Vous vous soufte-
nés si bien dans les foiblesses du corps, par
la force & le courage d'une grande ame,
qu'il semble que Dieu les ait alliées ensem-
ble, pour faire éclater plus vivement la lumiere & la gloire de voftre patience : Et
que comme on remarque que les plus belles
fleurs & les meilleurs fruits viennent sur
des couches de terre pourrie, Dieu ait per-
mis que voftre corps soit alteré & usé de
tant de maladies, afin de produire & d'ex-
poser à la veüe du monde une sagesse, une
conftance, une tranquillité, & un assem-
blage de plusieurs autres vertus, qui ne se
rencontrent point en d'autres personnes. Ie
vous supplie, Monsieur, de trouver bon,
qu'ayant eu l'honneur d'eftre souvent témoin de ce que ie dis, ie rende hommage à
un Nom, dont le grand & rare merite eft
si respecté. Cette sage & solide pieté, que
nous admirons en vous, goufte fort aussi les
difcours qui traittent des chofes faintes : Et
quoy qu'ils n'ayent pas tout l'art des ou-

vrages du Monde, vous faites plus d'état des figues seiches du Prophete, lesquelles ont la vertu de guerir, que des fruits les plus delicats & les plus exquis du Siecle, qui souvent font plus de mal que de bien. Je me promets donc de vostre bonté, Monsieur, que ce Sermon, que ie vous presente, aura quelque part dans vos saintes & pieuses meditations, d'autant plus que vous y verrez, que la Croix sert de theatre à la Vertu. Je suis parfaitement,

MONSIEUR,

Vostre tres-humble & tres-obeissant serviteur,

SARRAV.

IESVS
PRIANT SVR LA CROIX.
SERMON,
fur S. Luc ch. XXIII. ℣ſ. XXXIV.

Mais Jeſus diſoit, Pere, pardonne leur,
car ils ne ſçavent ce qu'ils font.

N ne ſçauroit auoir aſſés en
horreur la cruauté d'Herode le
Grand. Ce Roy des Iuifs, aprés
auoir longtemps regné, ſentit
approcher ſa fin : Les douleurs
horribles qui le trauailloient, les vers qui
fourmilloient ſur ſon corps, comme ſi c'euſt
eſté desja vn cadaure, & la puanteur & la
pouriture de ſa chair, que perſonne ne pouuoit ſouffrir, luy furent des auis infaillibles
qu'il faloit mourir. Mais pour ne pas mourir ſeul, & ne pas faire vne fin differente de

fa vie, pendant laquelle il répandit tant de
fang , il donne ordre à fon Capitaine des
Gardes de prendre dans Ierufalem vn grand
nombre de perfonnes de toutes conditions,
de les enfermer dans l'Hippodrome , cette
magnifique place , qui feruoit à la courfe de
fes cheuaux, & il luy commande, qu'au moment qu'il expirera, on face impitoïablemét
mourir toutes ces perfonnes, qu'on les perce
de coups de fléches, que la Garde des foldats
teigne fes efpées de leur fang , & qu'enfin fa
mort foit fuiuie de celles de toutes ces mal-
heureufes victimes, qu'il vouloit qu'on im-
molaft à fa fureur. Ce peuple n'eft-il pas bien
malheureux d'auoir vn Prince fi cruel , qui
femble n'eftre le Roy des Iuifs, que pour de-
uenir leur deftructeur. Il a facrifié des enfans
innocens à fa fureur dés qu'il eft monté fur
le thrône , dont il en a efté *ietté vn grand cry
en Rama.* Rachel ne pouuant dans vne fi cruel-
le affliction retenir au dedans fa douleur : A
cette heure qu'il ceffe de regner , les iugemens de Dieu ne fouffrant plus qu'il manie
dauantage vn Sceptre, qui dans fa main eft vn
glaiue alteré de fang ; il veut encore faire
hurler Ierufalem contre le nom d'Herode, en
luy rauiffant auec tant de rage la vie de tant
d'illuftres & chers citoiens, & qui n'ont pas
plus

plus peché contre luy que les enfans de Bet-
léem. O fureur ! extreme fureur, qui ne se
trouue que dans Herode ! Voicy, Mes Freres,
vn autre Roy des Iuifs bien different de ce-
luy-là : Le voicy mourant & prest aussi à rendre l'esprit, mais de plus mis en cet état par
les Iuifs, qui se sont ligués auec les Romains,
pour faire mourir leur Roy. Ce Prince, ce
grand Iesus, le Christ de Dieu, ne pourroit-
il pas dans cet état faire auec iustice & dans
les regles d'vne legitime vengeance, ce qui
estoit vne horrible cruauté en Herode ? Ne
pourroit-il pas ordonner leur mort, pour
auoir causé la sienne, ioindre leur sang à son
sang ; & à fort iuste titre s'écrier en mourant,
Qu'on tuë, qu'on immole, qu'on n'épargne
point ces perfides qui ont coniuré contre
moy. Anges, puissans en vertu, qui m'aués
esté donnés pour me seruir, dëuenez les de-
structeurs de mes ennemis ? Et toy, ô Dieu,
Iuste Dieu, ne permets pas que mes meurtriers demeurent impunis & viuent aprés
moy. Mais, bien loin que les derniers soû-
pirs de Iesus, soient comme les derniers soû-
pirs d'Herode : Au lieu que celuy-cy donne
en mourant des ordres pour la mort de ses
fideles suiets, Iesus en mourant prie le Pere,
pour obtenir la grace & la vie de ceux qui le

crucifient: *Mais Iesus disoit,* estant sur la Croix, *Pere pardonne leur, car ils ne sçauent ce qu'ils font.* O parole digne de ce Iesus, qui sauue ceux qui l'ont condamné! digne de celuy qui qui est la vie, faisant viure ceux qui le font mourir: digne d'vne victime qui est la viande & la nourriture de ceux qui l'ont immolée. On conte sept Paroles de Iesus Christ estant sur la Croix. La premiere est celle que ie viens de reciter, *Pere pardonne leur, car ils ne sçauent ce qu'ils font* : La deuxiéme, *Auiourdhuy tu seras auec moy en Paradis* : La troisiéme, *Femme voila ton fils, Homme voila ta mere* : La quatriéme, *I'ay soif* : La cinquiéme, *Mon Dieu, mon Dieu pourquoy m'as-tu abandonné* : La sixiéme, *Tout est accomply* : La septiéme & la derniere, *Pere ie remets mon esprit entre tes mains.* Puisqu'il faut auiourdhuy, Mes Freres, ajoûter la parole au Sacrement, pour rendre le Sacrement comme parlant, peut-on mieux faire que de ioindre vne parole de Iesus mourant, auec le Sacrement qui est vn monument de Iesus mort. Et entre ces paroles de Iesus Christ mourant, peut-on mieux choisir, pour mettre sur le Sacrement, où *Dieu est Charité,* que la parole qui ne respire qu'amour & que grace. *Mais Iesus disoit, Pere pardonne leur, car ils ne sçauent ce qu'ils font.* Il y a deux parties dans ce suiet, Iesus Christ demandant la grace de ceux qui le crucifient, *Mais Iesus disoit, Pere pardonne leur* : Et en suite Iesus Chr. parlant comme leur Aduocat, & s'y prenant auec adresse pour obtenir leur grace infailliblement, *Car ils ne sçauent ce qu'ils font.* C'est vne priere raisonnée, la priere & la raison s'accordent, Iesus prie & plaide pour ces malheureux : ils l'ont abreuué de fiel & de vinaigre, & neantmoins la grace est répanduë sur ses léures : O amour, veritable amour, plus puissante que la mort ! Auparauant l'air ne retentissoit que de cris & de fureur, oste, oste, crucifie, crucifie, oste ce Iesus & relasche Barrabas. Ils estoient si transportés dans leur passion contre Iesus Christ, qu'ils traitterent Iesus Christ dans cette rencontre, comme s'il eust esté Barrabas, & considererent Barrabas comme s'il eust esté Iesus Christ. Crucifie ce Iesus, disoient ces malheureux, & deliure ce brigand : Quelle iniustice ! Cette maniere d'agir si differente, deuoit selon les apparences changer ce brigand en bien-faiteur, & Iesus Christ en vn Dieu de vangeances. Mais sans rechercher ce que fut depuis aux Iuifs ce brigand, à qui ils sauuerent la vie, Iesus, à qui ils l'osterent, demeure toûjours Iesus. Qu'est-ce que ces cris d'vn emportement épouuanta-

ble, oste, oste, crucifie, crucifie ! Est-ce vn
bruit de tonnerre ! Est-ce vne priere d'Elie le
Prophete que les Disciples voulurent depuis
imiter, afin que le feu descendit du Ciel, &
qu'il les consumast ; cela seroit digne de ces
criminels, mais ne seroit pas vne parole de
Iesus-Christ, qui lors qu'on luy *disoit outrage,
n'en rendoit point*. Il oppose à la crainte de ces
lions, la douceur d'vn Agneau : au hurle-
ment de ces loups, le gemissement d'vne
Colombe : aux paroles de ces meurtriers, la
parole d'vn Sauveur, *mais Iesus disoit, Pere
pardonne leur* ; C'est icy qu'il faut dire veritablement de Iesus Christ, *Voix de Dieu, & non
point d'homme*, car où est l'homme qui ne ren-
dist outrage pour outrage ? & qui ne té-
moignast vn grand ressentiment dans son
innocéce affligée. Ainsi, lors que Zacharie fut
condamné à la mort par le Roy Ioas, Zacharie quoy que Prophete, disoit en mourant, *l'Eternel le voye & le redemande*. Encore
faut il dire, voix *de Dieu qui est charité* : car
autrement Dieu qui est juste, pourroit-il
s'empécher de faire justice de crimes si enor-
mes ; Ce n'est pas icy seulement vn sage reso-
lu, qui fait voir vne côstance inébranlable, &
vne fermeté inuincible dans la plus cuisante
tribulation, comme vn rocher que les flots

d'vne Mer orageuse ont beau heurter de leurs secousses incessament redoublées , ils ne le remuent pourtant point de sa place , non seulement sa patience tient bon contre de si rudes assauts, & les épines & les cloux de la croix, je veux dire les souffrances les plus sensibles, & les plus penetrantes, ne troublent point Iesus Christ ; mais de plus, sa charité s'enflame de nouueau , il rend le bien pour le mal, & il sauue la vie à ceux qui l'en priuent. *Mais Iesus disoit, Pere pardonne leur.* Mais n'y a-t'il pas des exemples qu'on puisse mettre en parallele à cette admirable bonté, & ne pourroit-on pas alleguer icy celuy de cet Empereur, sous lequel Iesus Christ vint au monde : Auguste pardonnant à Cinna, qui auoit conjuré contre sa vie. Non, cela est peu de chose, car ce Prince ne pardonna à ce Romain qu'vne conjuration découuerte, & ainsi sans danger. Mais Iesus Christ pardonne sa mort , vne mort asseurée : car il estoit alors sur la Croix. Ce ne fut mesme que par la consideration de son propre interest, qu'Auguste en vsa de la sorte, il auoit deja fait mourir beaucoup de conjurés , il voulut essaier si la clemence & le pardon seroient capables de faire vne chose, dont les suplices n'auoient peu venir à bout, à sçauoir

de détourner les Romains de ces côjurations
continuelles qu'ils tramoient contre la vie de
l'Empereur. Ie veux raporter encore icy l'e-
xemple de Ioseph, pour en faire hommage
à Iesus sur la Croix : Il est mal traité de ces
freres, ils le dépouillent, & ils le iettent dans
vn fossé, exposé aux outrages des voleurs,
& à la fureur des bestes sauuages ; En suitte
ils le mettent dans les fers de la seruitude, ils
ils le vendent aux Madianites pour estre leur
esclaue, à quoy on peut joindre son empri-
sonnement dans la tour d'Egypte , & les
maux qu'il y endura dont ils furent cause;
neantmoins Ioseph pardonne tout cét amas
d'actions inhumaines à ses freres,estant dans
le pouuoir de se vanger, il leur fait grace. Il
y a en cela de la vertu , qui en doute;maiselle
n'approche pas de la gloire de celle de Iesus
Christ: Ioseph pardonne vne seruitude, mais
non vne mort ; il pardonne apres auoir tiré
quelque sorte de vengeance, apres auoir osté
la liberté à quelques-vns de ses freres , &
apres auoir fait peur à tous; il pardonne dans
vn estat de gloire, où l'on oublie aisement les
injures passées ; Enfin,il pardonne à ses freres
qui s'humilioient alors deuant luy, & qui
mesmes estoient l'occasion de son bon-heur,
puis qu'ils auoient esté cause de son escla-

uage : Mais Iesus-Christ pardonne sa mort mesme, sa mort pleine de douleurs & d'oprobres sur la Croix. Il pardonne absolument, & sans faire souffrir en aucune sorte ceux qui la causoient, ayant mesme auparauant gueri vne playe, qu'vn des leurs auoit faite en tirant l'espée contre vn de ceux qui vinrent se saisir de sa personne. Il pardonne à ses ennemis dans le moment qu'ils l'affligent auec plus de cruauté & d'insolence ; Enfin, il pardonne à des gens inhumains, qui non contens de sa mort, ce qui satisfait ordinairement la fureur la plus emportée, voudront encore s'opposer à sa Resurrection. Il n'y a donc dans ces deux exemples, que quelque ombre de cette belle charité, dont la lumiere a resplandi sur la Croix, & dont les rayons semblent auoir eclairé mesme les siecles precedens, puis que les Prophetes en ont parlé ; Esaye ayant escrit qu'il *intercederoit pour les transgresseurs.* Cette intercession ne sçauroit estre mieux accomplie, que dans la maniere qu'elle est icy disposée ; *Mais Iesus disoit, Pere pardonne leur.* C'est Iesus qui demande, & c'est le Pere à qui il demande ; l'vn parle en qualité de Sauueur, & l'autre l'écoute comme vn Pere ; c'est la parole du Fils qui touche le cœur du Pere, Iesus laisse là le Iuge seuere

qui *est vn feu consumant*, & il remue les en-
trailles du Pere, qui n'est que tendresse & di-
lection. *Mais Iesus disoit, Pere pardonne leur.*
Si ie suis leur Sauueur, tu es leur Pere : tu es
méme leur Pere auant que ie fusse leur Sauueur ; Ils sont les creatures de tes mains,
auãt que d'estre les creatures de mon Esprit.
Enfin, tu es leur Pere, vn Pere ne peut condamner, vn Pere ne peut punir, vn Pere
ne sçauroit que faire grace, *Pere pardonne
leur.* Vn Ancien a remarqué que Iesus ne
disoit pas de leur pardonner, quoy qu'il fust
celuy que les Iuifs eussent outragé, qu'il
fust mesme le crucifié, lors qu'il parloit ;
mais qu'il s'adresse au Pere, pour donner
la grace, ce qui temoigne, dit-il, qu'il fai-
soit moins d'état de l'offence commise contre sa personne, que de celle qui reialissoit
sur celuy qui l'auoit enuoyé ; se montrant
aussi en cela plus grand que Ioseph son Ty-
pe, qui ayant esté affligé par ses freres, il
leur en donne luy mesme l'absolution, sans
la leur faire receuoir de Iacob leur Pere :
Mais il faut encore ajouster, qu'en effet Iesus-Christ sur la Croix ne se regarde pas
comme vn Iuste seulement qui soufre, sans
l'auoir merité, & qui a droit de s'en irriter :
Ie le considere dans cet estat comme vn
Sacrifi-

Sacrificateur, & comme vne Victime tout
enſemble : ſa couronne d'épines en eſt l'em-
bleme, la couronne eſt du Sacrificateur qui
doit eſtre grand , & auoir de l'authorité, les
épines ſont de la Victime qui doit ſouffrir.
Or le Sacrificateur intercede, & la Victime
par ſon ſang & par ſon merite appuye la parole de l'interceſſion , & quoy que ceux, qui
liurent la Victime, pechent contre elle, &
que ceux, qui conduiſent le Sacrificateur à la
Croix, l'outragent ; neantmoins la Victime
merite leur grace , & le Sacrificateur la demande : comme il ſe pouuoit faire que ceux
qui amenoient vne Victime à l'Autel , s'en
acquitans mal, meſlant des mouuemens de
cruauté & de profanation , & auſſi ne ren-
dant pas au Sacrificateur de la Loy, le reſ-
pect & la veneration qu'ils deuoient ; neantmoins la Victime leur meritoit auſſi le pardon de ces nouueaux pechez , & le Sacrificateur le ſolicitoit dans ſon interceſſion :
De meſme la Paſſion de I. Ch. quoy qu'elle
ſoit l'ouurage & la trame de pluſieurs crimes , n'eſt pas pourtant vn ſujet de s'en irriter , puis que la deſtination eſt de procurer
l'amniſtie des pechez du monde , meſme de
ceux qui ont contribué à ſa Paſſion. Quoy
qu'elle ſoit vn attentat, qui rende coupables

ceux qui en ont fait la cõspiration , n'ayant
eu d'autre intention que d'executer leur fureur. Iesus regarde ses playes , comme les
playes de noſtre Redempteur, de noſtre ran-
çon, & de noſtre caution : il penſe non à ce
qu'il ſoufre , mais à ce qu'il merite , non à ſe
plaindre, mais à prier, non à faire l'affligé &
le martire, mais à faire la Victime & le Sacrificateur : *Mais Iesus diſoit , Pere pardonne
leur*. Le terme du S. Eſprit repreſente les fautes de ceux qui crucifient noſtre Seigneur
Iesus-Chriſt , comme dès debtes qui les aſ-
ſujetiſſoient à Dieu, comme les debiteurs le
ſont à leurs creanciers, où cõme des crimes
qui les ont enchainez comme des criminels
dignes de la torture & de la mort. Il prie
donc afin que le payement qu'ils ne peuuent
faire leur ſoit gratuitement remis & quitté,
& que les fers qu'ils ne peuuent briſer leurs
ſoient oſtés , qu'ils ſoient mis en liberté ;
c'eſt à dire pour parler ſans figure, que Dieu
ne leur impute point l'offence d'auoir crucifié ſon Fils , & que ſa juſtice n'en prenne
point connoiſſance pour en condamner les
auteurs aux peines qu'ils meritent . Le Sang
de Iesus - Chriſt , bien loin de faire de Dieu
vn Iuge, en doit faire vn Pere, c'eſt vn Sang
de meurtre lors que les Iuifs le repandent ;

Mais c'eſt vn Sang de Victime, lors que Ieſus
Chriſt en fait l'oblation, vn Sang de prix &
de merite, digne d'obtenir la grace de ceux
meſmes qui l'ont répandu. Car comme dit
fort bien vn Docteur de l'Egliſe, ce que Ieſus Chriſt ſollicite la grace de ceux qui l'ont
outragé, c'eſt qu'il ne s'arreſte pas à ce qu'il
a ſouffert d'eux, mais à ce qu'il ſoufre pour
eux. Il fait vne diuerſion des yeux de Dieu de
deſſus l'intention de ces mal-heureux, qui
eſt de l'affliger pour faire agréer ſon intention propre, qui eſt de faire ſeruir les maux
qu'ils luy ont cauſez à en meriter le pardon :
Mais *Ieſus diſoit Pere pardonne leur.* Car s'il
faloit que la mort de Ieſus-Ch. fuſt d'abord
vangée, où ſeroit la vertu de cette mort
pour ſauuer les pecheurs, quelle opinion au-
roit-on de ſon merite pour ſatisfaire à la
Iuſtice de Dieu. Il prend donc la choſe dans
la deſtination de la grace & de la miſericorde, *Pere pardonne leur*, regarde, ô Pere, comme ie parle, ce n'eſt point en homme offen-
cé, en vindicatif, qui ſollicite ta Iuſtice, &
qui en appelle à ton Tribunal pour en auoir
raiſon : Ie parle en Sauueur & Mediateur,
qui demande la grace de ceux qui ont de-
mandé ma mort ? Ils m'ont mis entre les
mains d'vn Iuge, ie les mets dans le ſein d'vn

C 2

Pere : Pere pardonne leur , ne leur impute
pas leurs crimes, impute leur ma Iustice, que
mon innocence les iustifie, que mes playes
les guerissent, que ma mort les fasse viure.
Pardonne leur à tous, tant Iuifs que Romains , à grands & à petits, que mon Sang
soit sur leurs testes , non selon qu'ils le veulent , comme vn témoin qui les accuse
de ma mort : mais selon que ie t'en prie, comme vne aspersion qui leur obtienne leur grace, non pour leur estre redemandé par Iustice , mais afin que le prix leur en soit imputé
par ta misericorde : mais *Iesus disoit, Pere pardonne leur.* Remarqués la maniere absoluë
dont il parle en faueur de ceux qui le cruci-
fieut, *Pere pardonne leur.* Lors que l'heure de
sa Passion s'approchoit, ce ne fust pas tant la
douleur & l'opprobre de la croix,que la malediction de la croix qui le fit fremir : ce qui
le porta dans vn sentiment naturel,& inno-
cent d'aimer la vie & de s'écrier, *Pere que cette
coupe passe arriere de moy.* Neantmoins quel-
quelques grandes que fussent les amertumes
dont cette coupe estoit pleine, il ne demande d'en estre exempté qu'auec condition :
*toute - fois non point ce que ie veux , mais ce
que tu veux.* Se peut il vne humilité & vne
obeissance plus acomplie ? mais s'agit il de

ceux qui ont conspiré sa mort, & qui ont
employé la croix, les épines, les clous & la
lance pour executer leur mechante entreprise; il prie pour eux sans aucune condition,
Pere pardonne leur. Il abandonne sa personne
à la discretion & à la volonté du Pere, il
n'expose leurs personnes qu'à la grace & à
la charité du Pere. Pour ce qui le regarde, il
donne le chois au Pere de le laisser souffrir,
ou d'empécher qu'il ne souffre : mais il ne
hazarde pas de cette sorte ceux qui le crucifient, il les recommande tout à fait & absolument à la misericorde du Pere, *Pere
pardonne leur.* Nous sommes bien autrement faits, nous nous aimons nous-mesmes
souuerainement, & ne pensons qu'à nous
exempter de toutes sortes de peines & de
maux; Et si nous faisons quelque chose pour
nostre prochain, ce n'est pas si naturellemét
n'y auec la mesme volonté. On pense pre-
mierement à sauuer sa vie, & s'il y a ensuite à
faire quelque chose pour le prochain, on s'y
porte, & on peut n'estre pas fâché d'y reüssir :
mais on fait bien de la difference de soy à
son prochain : Car il n'y a guerre d'exemple,
qu'on s'oublie pour vn autre. Mais au reste
Iesus-Christ renonçant si volontairement
à ce qui le regarde, & s'attachant auec vn

C 3

zele ardent à rendre Dieu fauorable à ceux
qui le crucifient, ne se conduit-il pas enuers
Dieu comme les Iuifs firent enuers Pilate : il
semble parler le mesme langage, ils viennent à Pilate, oste, crucifie celuy cy, à sçauoir Iesus-Ch. & laisse aller Barrabas, ce vo-
leur, ce meurtrier. Et Iesus-Ch. dit au Pere,
fais de moy ce que tu voudras, ie consens
à ma mort : Grand Dieu du Ciel & de la
terre ie le veux, ie consens d'estre crucifié ;
mais, Pere misericordieux, laisse aller ceux-
cy. Pere pardonne à ces coupables : que le
iuste souffre, & que les coupables, soyent
épargnés. Le langage paroist semblable,
mais la chose est bien differente, les Iuifs
parloient à Pilate d'vne maniere criminelle :
car ils renuersoient les Loix & la Iustice, &
leur passion iustifioit le coupable, & cõdam-
noit le iuste : mais Iesus-Christ parle au Pere
pour accomplir la Loy, & pour rendre satis-
faite la iustice, qui ne le pouuoit estre autrement que par son Sang : leur intention alloit
au meurtre, & celle de Iesus-Christ à la charité : ils pretendoient qu'il y auoit de la iustice à faire mourir Iesus-Christ & à relâ-
cher Barrabas, & c'est pour cela qu'ils plai-
doient deuant le Tribunal, où Pilate estoit
assis comme Iuge : mais Iesus-Christ ne

meurt que par amour pour le genre hu-
main ; & c'est, non par iustice, mais par
grace, qu'il pretend leur Salut. Ils agissoient
en personnes animées contre Iesus Christ,
& corrompuës en faueur de Barrabas; mais
ce n'est que par charité, que Iesus Christ sa-
crifie sa vie : & ce n'est que par vne suite de
cette charité, qu'il sauue la leur. Enfin, ils
veulent sa mort, comme celle d'vn coupable,
& il ne veut mourir que comme vne victime.
Ils demandent la vie de Barrabas , comme
vne preference qui luy seroit deuë au dessus
de Iesus Christ , & Iesus Christ ne prie pour
ceux qui le crucifient, que par compassion
pour leur Salut, ne pouuans estre sauuez que
par sa priere. Il ne les iustifie pas , il prie
pour eux. Il plaide pour eux, non pour de-
fendre leur innocence, mais pour donner de
la compassion de leur folie : *Pere pardonne*
leur, car ils ne sçauent ce qu'ils font.

Si Iesus Christ estoit la partie aduerse de
ces pecheurs, qui sont ses ennemis iurez, il
auroit bien lieu d'exagerer icy leurs crimes:
La fureur des Iuifs , qui se sont saisis de sa
personne ; l'auarice de Iudas, qui s'est rendu
leur chef ; l'enuie des Sacrificateurs, qui en
ont comploté l'entreprise ; la ialousie de
Caiphe, qui l'a liuré à Pilate ; l'iniustice de

Pilate, qui l'a condamné, le croyant inno-
cent ; & l'infolence des foldats, qui luy ont
fait mille outrages. Mais il eft leur Aduocat
enuers le Pere ; & pour cet effet il tire de
toute fa force le voile de fa charité , pour
couurir leurs crimes : Ne pouuant les iufti-
fier, il les excufe ; s'ils font effacez par fon
fang , ils font cachez dans fa parole ; il les
enfeuelit dans les tenebres de leur ignorance, *car ils ne fçauent ce qu'ils font.* En effet,
comme il n'y a rien qui aggraue dauantage
le crime, que la malice, que le deffein eftu-
dié de faire du mal , que de pecher auec lumiere & auec connoiffance , à peine y a-t-il
vne circonftance qui l'adouciffe dauātage &
qui le rende plus excufable que l'ignorance.
De là vient que dans le Monde on ne punit,
ny les enfans , ny les fous : Et les Iurifcon-
fultes difent, que l'on ne doit pas faire de
recherche de l'action d'vn furieux , non plus
que d'vn accident caufé par la cheute d'vne
thuile. Dans la police de l'ancien Ifrael , il
y auoit des Villes de refuge, où fe pouuoient
retirer en feureté ceux qui auoient commis
quelques meurtres par ignorance , ne fça-
chant ce qu'ils faifoient. Et l'on offroit dans
le Sanctuaire des Sacrifices exprés pour les
fautes commifes par ignorance, où l'on em-
ployoit

ploioit plusieurs Ceremonies qui sont décri-
tes au long dans le Leuitique.   C'est donc
auec grand suiet que sous l'économie de la
grace, il y a esperance de pardon pour ler er-
reurs, où la raison & l'esprit ne concourent
point, & qui ne sont que des actiós du corps
sans estre des mouuemens de l'ame. Et certes sous cette dispensation toute misericor-
dieuse, où se trouuent la Remission & la vie,
le Seigneur peut bien dire en plus forts ter-
mes, que sous l'Alliance de la Loy, qui estoit
vn ministere de rigueur & de mort, *Pere par-*
donne leur, car ils ne sçauent ce qu'ils font. Le
peché est de sa nature vne folie & vn effet du
renuersement de l'ordre des puissances de
l'ame. On diroit que ceux qui pechent, n'ont
pas l'esprit d'vn homme, qu'ils l'ont perdu,
au moins qu'ils l'ont entierement dépraué:
Le iugement n'est pas leur guide ; l'esprit
n'est pas leur lumiere ; la raison n'est pas
leur regle ; le bien veritable n'est pas leur fin:
toute leur conduite n'est qu'vne manie &
vne confusion deplorable. Ils se font de la
terre, vn ciel ; de la poudre, vn thresor ; de
la vanité, vne gloire ; de la chair, l'esprit ; de
la mort, la vie : Enfin, ils prennent les choses pour le contraire de ce qu'elles sont ; les
grandes leur sont petites, & les petites leur

D

font grandes : Et femblables à ces fous, qui s'imaginent eftre Rois, lors qu'ils font enfer-mez ; & qui parlent de leurs petites maifons, comme d'vn Royaume : Ils fe flattent de la feruitude du peché, comme d'vne grande liberté au deffus des autres hommes : Et à les entendre difcourir de leur condition, il n'y a de felicité, de gloire & de delices, dans le monde, que pour eux : L'imagination & l'appetit fenfitif, les paffions, la chair, les plaifirs des fens, gouuernent & font le confeil des pecheurs : Qu'en peut-il donc refulter ? qu'vn extreme defordre, vne refolution infenfée, vne veritable extrauagance, enfin le peché.   Certes, lors qu'vn fi étrange gouuernement domine abfolument, les pecheurs fe portent dans vn excés de déreglement & de folie, à dire, *Il n'y a point de Dieu.* L'in-*fenfé*, c'eft à dire, le grand pecheur, *a dit dans fon cœur*, comme le remarque le Prophete, *il n'y a point de Dieu.*   C'eft à peu pres l'eftat deplorable dans lequel font les Iuifs & les Romains.   La paffion & la fureur les rendent fi infenfés, & les enfeuueliffent dans de fi noires tenebres, qu'ils difent, non feulement dans leur cœur, mais de leur bouche, Ce n'eft point là le Fils de Dieu, ny le Sauueur du Monde : *Si tu es Fils de Dieu*, difent

ces malheureux , *descen de la Croix* : ils veulent dire , tu ne l'es pas.   *Toy qui as sauué les*
autres , sauue toy , toy-mesme : Ils veulent dire,
tu n'es pas le Sauueur. Et c'est cette terrible
ignorance & cet égarement d'esprit si étrange, de ne pas connoistre Iesus Christ dans
Iesus Christ, qui fait qu'ils mettent auec tant
d'audace & d'insolence la main sur le Fils de
Dieu, sur le Sauueur du Monde.   Ils crucifient Iesus Christ, mais ils ne voient pas qu'ils
crucifient Iesus Christ : Il ne le connoissent
pas pour le Prince & le Sauueur d'Israel : Ils
attendent le Messie, mais ils ne croyent point
du tout que celuy-cy le soit : L'estat infirme
& contemptible dans lequel il leur est appa-
ru, ne leur semble nullement conuenable au
Messie, qu'ils s'imaginent deuoir venir cou-
ronné de gloire & de maiesté, auec l'air &
l'equipage d'vn grand Prince , & du plus
grand Roy de la terre. *Dieu manifesté en chair,*
n'est pas vn Dieu à leurs yeux : Sa conduite
aussi les étonne, il abolit, par son Euangile,
la Loy de Moyse : Ils esperent que le Messie
doit faire dominer : Il les exhorte à la patience dans les tribulations , lors qu'ils se
preparent à vn regne semblable à celuy de
Salomon, où il n'y ait que de la ioye & de la
felicité. Il aneantit la sainteté de leur Tem-

ple ; il abolit l'ordre de leurs Sacrificateurs,
l'vsage de leurs autels, l'oblation des victimes, le prix des holocauftes, la neceffité de
leurs ceremonies, la deuotion de leurs Sab-
baths. Il cenfure leurs Docteurs, il condam-
ne leur Synagogue, il couure Ierufalem de
reproches, & luy predit fa ruine : il va chez
les Samaritains ; il mange auec les Peagers.
Il ne leur paroift rien là que de contraire &
de fort oppofé à l'idée du Meffie qu'ils fe
font figurez, Si bien que lors qu'ils crucifient Iefus Chrift, ils ne penfent pas qu'ils
crucifient le Meffie : Et celuy que Dieu a enuoyé, ils ne le connoiffent point pour leur
Roy : Ils le regardent fous vne tout autre
forme bien differente, comme s'il reffem-
bloit à ces impofteurs, qui ont fait auparauant les faux Meffies, qui ont attiré fur leur
Nation l'indignation des Romains, & les
ont engagez dans la feruitude où ils font,
qu'ils n'ont pas befoin qu'il aggraue de nouueau. Ainfi quand ils crucifient Iefus Chrift,
ils croyent fe défaire, non de leur Sauueur,
mais de leur ennemi. Ils adoroient, pour
ainfi dire, leurs Princes Machabées, qu'ils
admiroient comme s'ils euffent efté les pre-
curfeurs de leur Meffie. Iuda, ce grand &
illuftre Capitaine, auoit eu leurs cœurs, leurs

seruices , & tous les honneurs qu'ils pouuoient rendre à vn homme mortel : Comment eussent-ils esté capables de crucifier Iesus Christ, s'ils l'eussent connu pour l'enuoié
du Ciel & le Liberateur promis à leur Nation.   L'Apostre S. Pierre , qui auoit tant
aimé Iesus Christ , & qui tira l'épée pour
empescher qu'on ne se saisist de sa personne,
lors qu'il accuse les Iuifs, il les excuse ; *Ie
scay que vous l'auez fait par ignorance.* Et l'A-
postre S. Paul , qui ayant esté appellé des
pieds de Gamaliel & du sein de leur Synagogue, connoissoit parfaitement leur esprit
& leur genie , écrit aux Corinthiens, & leur
rend ce témoignage , que *s'ils l'eussent connu,
ils n'auroient pas crucifié le Seigneur de gloire.*
Il le confesse de luy-mesme , que sa fureur
& ses emportemens contre le nom de l'E-
glise de Iesus Christ auoient procedé de son
ignorance, dont aussi il auoit obtenu misericorde : *Misericorde,* dit-il, *m'a esté faite, en-
tant que ie l'ay fait par ignorance.* Paul ne
connut pas l'image de Iesus Christ dans ses
Fidelles : Les Iuifs ne connurent pas Iesus
Christ luy-mesme dans sa personne. Paul
pour auoir persecuté Iesus Christ dans ses
Saints par ignorance, a obtenu misericorde:
n'y auroit-il point de misericorde pour ceux

qui ont crucifié Iesus Chrift par ignorance? Ny Paul ne fçauoit ce qu'il faifoit, ny eux ne fçauent ce qu'ils font. Ils furent mefme d'abord auec grand empreffement à Iefus. De grandes troupes fortirent de Ierufalem auec beaucoup d'ardeur au deuant de luy, mais ils ne le connurent point. *Les tenebres ne comprirent poixt la lumiere.* Si bien, qu'enfin ils le crucifient. Il les compare donc à celuy qui outrageroit le fils d'vn Prince couuert de haillons, & dans vne apparence vile & méprifable : ce qu'il ne feroit pas, s'il le voyoit veftu en Prince, & auec quelque marque de fa grandeur ; car alors il ne luy feroit pas inconnu. Et il arriua effectiuement à Telegon fils d'Vliffe, allant à Telephe voir fon pere, de tuer fon pere à la premiere rencontre qu'il en eut : en quoy il ne fçauoit ce qu'il faifoit : & il n'euft eu garde de le tuer, s'il l'euft connu pour fon pere : car il alloit luy témoigner fa ioyé de le reuoir apres vne fi longue abfence, & de fi grands perils qu'il auoit courus. Voilà l'eftat des malheureux Iuifs, ils méconnoiffent Iefus Chrift, ils prennent pour leur ennemy, celuy qui eft leur Redempteur : & dans cette folle imagination, ils le crucifient : c'eft leur ignorance qui les porte à cette extremité. Mais quoy?

cette ignorance oste-t-elle le crime ? & ex-
empte-t-elle de la peine ? Sont-ils innocens,
pour estre insensez ; & l'erreur de l'esprit &
des yeux , iustifie-t-elle la fureur de leur
cœur & de leurs mains ? Il y a vne ignorance
qu'on tient pour innocente , lors qu'on n'a
pas eu le moyen d'estre instruit, qu'on a esté
éloigné, qu'on n'a pas ouy, qu'on n'a eu nul-
les nouuelles de la chose,& qu'on n'a pû s'en
enquerir.   Mais l'ignorance , qui demeure
ignorance, apres auoir eu tous les moyens,
& toutes les occasions d'apprendre ce qu'on
ne sçait pas , est vne ignorance vicieuse &
criminelle. L'vne est innocente, parce qu'il
n'y a que le malheureux qui la cause : mais
l'autre est criminelle , parce que la volonté
y interuient.   Ils ont fermé les yeux , pour
ne pas voir , & se sont bouchez les oreilles,
pour ne point ouïr. L'ignorance de ceux
qui ont crucifié Iesus Christ , est, ie l'auoüe,
de cette seconde sorte.   Iesus Christ s'est re-
uelé à eux par sa Parole, par ses miracles,
par sa sainteté : S. Iean Baptiste luy a rendu
témoignage : Moyse , & les Prophetes ont
parlé par sa bouche en faueur de Iesus Chr.
le Ciel mesme, par vne voix de la gloire magnifique, a declaré qu'il estoit le Fils de Dieu:
Leur ignorance vient donc d'auoir resisté à

tant de moyens, qui estoient capables de les conuaincre de la verité de sa personne, & de sa mission : leur ignorance est affectée, & les rend coupables.   D'où vient donc que Iesus Christ l'allegue au Pere, comme vn suiet de remission ? *Pere pardonne leur, car ils ne sçauent ce qu'ils font.* Il ne Parle pas de ces malheureux, comme s'ils estoient sans peché: mais il represente seulement, que leur crime, quoy qu'il soit grand, est pourtant remissible : parce qu'au fond, c'est vne ignorance, qui pour estre vicieuse, n'est pas vne malice. Ils ont pû le connoistre, mais au fond, ils ne l'ont pas connu : ils deuoient croire, ils ont eu tous les moyens pour cela, mais au fond, ils ne croyent pas.   L'action est donc vénielle, ce n'est pas vn peché de dessein medité contre le Messie, c'est vne faute de l'auoir pris pour estre moins qu'il n'estoit ; vn malheur d'auoir répandu le sang d'vn Dieu, s'imaginant de n'auoir affaire qu'à vn homme, qu'ils soupçonnoient encore de n'estre pas dans les interests de leur repos & de leur religion. C'est à dire qu'ils ne sont pas à beaucoup pres si coupables, que si ayant connu & crû que Iesus Christ estoit le Messie, & estant conuaincus en leur conscience de cet article de foy ; ils l'eussent, apres cette illu-

mination

mination & cette perſuaſion, attaché à la
Croix. Ce que Ieſus Chriſt allegue donc,
Car ils ne ſçauent ce qu'ils font : c'eſt ſeulement
pour donner à connoiſtre qu'ils auoient peché, mais non irremiſſiblement. Leur peché eſt contre le Pere & contre le Fils, mais
il n'eſt pas contre le S. Eſprit. Ils ont offen-
cé le Pere dans la mort du Fils, mais il n'y a
rien là contre les lumieres du S. Eſprit, qu'ils
n'auoient pas. Et il paroiſt bien qu'il n'y a
que le Pere & le Fils d'offencez ; car il n'eſt
fait icy mention que des perſonnes du Pere
& du Fils ; dont l'vne ſemble auoir déja ou-
blié le mauuais traittement qu'on luy a fait,
& l'autre eſt prié, non ſeulement de ne ſe
reſſentir pas de cette iniure, qui alloit iuſqu'à
luy : mais de ſe laiſſer toucher de compaſ-
ſion, puis qu'il s'agiſſoit d'vne folie & d'vn
emportement aueugle. Or l'Euangile eſt
formel, qu'il y peut auoir grace pour des pechez contre le Pere & contre le Fils : *Tout pe-*
ché contre le Pere & contre le Fils ſera pardonné,
c'eſt à dire, ſera pardonnable, ou pourra eſtre
pardonné : mais il exclud abſolument de
tout pardon le peché contre le S. Eſprit,
dont il dit, qu'*il ne ſera point pardonné* : parce
que le peché contre le S. Eſprit, eſt vn peché
contre la cónoiſſance & la conſcience. C'eſt

vn mépris, c'est vn blaspheme contre vn obiet qu'on connoist. C'est vne obstination,
qui nonobstant la connoissance s'endurcit
toûjours. C'est vn peché de Diable, qui veut
precipiter celuy qu'il sçait estre le Fils de
Dieu, celuy qu'il sçait meriter d'estre sur le
pinacle du Temple, il le veut voir en bas, &
il ne tient pas à luy, qu'il ne foule aux pieds
celuy qu'il doit adorer. Il en arriue aussi à
ces pecheurs, comme au demon, à qui Iesus
Christ dit, *va arriere de moy Satan.* Il les
abandonne, il les priue de son Esprit, & les
chasse loin de luy, comme n'ayant aucune
part à son Salut. Mais le peché contre le Pere & contre le Fils, est proprement vne passion, vn aueuglement, vne fureur, vn égarement, dont on peut reuenir par la repentance : laquelle enfin, faisant rentrer le pecheur
en soy-mesme, en luy representant sa faute,
en luy en donnant de l'horreur, en luy en
causant du regret, en le portant à se condamner soy mesme, en formant en luy la
resolution de n'en plus faire de semblables,
le met dans vn estat à pouuoir estre pardonné : Aussi y en eut-il d'entre ceux, pour qui
le Fils de Dieu pria sur la Croix, qui reuin-
rent de leur égarement & de leur ignorance,
à la repentance & à la foy : qui crucifierent

leur cœur, pour auoir crucifié Iesus Chrift;
& qui furent enfuite gueris de leur aueuglement. Ie puis alleguer le Centenier & fes
Soldats qui dirent, *veritablement celuy-cy eſtoit
le Fils de Dieu.* Ces trois mille ames, à qui
S. Pierre ayant reproché qu'ils auoient liuré à la Croix le Fils de Dieu, *ayant vne com-
ponction de cœur, dirent, Hommes Freres que
ferons-nous ?* Et encore ces cinq mille qui
crurent depuis l'emprifonnement des Apo-
ſtres, qui produifit leur foy & leur conuer-
fion. Et enfin, ce grand nombre de Sacrificateurs qui obeyrent auffi à la foy. Le Salut
fut donné à ceux-cy, & ils furent exempts de
la condamnation generale. Le Pere ne pût
endurer autre-fois que fon Fils fuſt reietté,
lors que par fon Efprit, ou pour mieux dire,
par fa Diuinité, il alla du temps de Noé vers
les hommes, pour fatisfaire fon iufte reffen-
timent. Il fubmergea tous les hommes, ex-
cepté la famille de Noé, dans les abifmes
d'vn effroiable deluge, qui couurit toute la
terre. A cette heure qu'ils fe font portez à
crucifier ce mefme Fils de Dieu, & qu'ils ont
étendu fon corps fur vn bois maudit, n'en
feroit il pas emû ? Il veut leur oſter les lumieres de fon Soleil, & les enfeuelir dans de
profondes tenebres : il ébranle la Terre, &

E 2

luy fait souffrir des tréblemens inoüis, pour
les engloutir dans ses ruines : il ouure les sepulcres, non seulement pour en deliurer les
Saints, mais comme pour en faire sortir la
mort : & il déchire le voile du Temple, pour
marque qu'il n'épargnera point ce qu'il y a
de plus precieux & de plus sacré parmy eux?
O Dieu quels iugemens se preparent pour
vanger la Croix du Fils de Dieu ! Les Iuifs,
les Romains ont coniuré contre luy, mais
voicy le Ciel, la Terre, le Temple, le Sepul-
cre méme, qui conspirent contre les Iuifs &
les Romains. Mais, ô merueille d'amour &
de puissance ! le Fils de Dieu prie, *Pere par-*
donne leur , car ils ne sçauent ce qu'ils font : &
la grande vertu de sa priere , arreste le
cours de ces grands maux. L'éclipse du Soleil ne dure que trois heures , & ensuite cet
astre rend sa lumiere au monde. La Terre
se raffermit incontinent, & sert encore d'ha-
bitation assurée aux hommes. Il n'y a que
les Saints qui sortent des Sepulcres , & la
mort y est encore retenuë dans les liens. Le
voile est déchiré , mais les pieces n'en sont
pas perduës, & on les peut rassembler. La
priere de Iesus Christ, qui n'a pas arresté les
premiers éclairs des iugemens de Dieu ; en
arreste les tonnerres, & fond les quarreaux

de son ire ; calme la fureur & les orages du
Ciel & de la Terre, & conserue la vie à ceux
qui la luy ont ostée. O Iesus ! veritablement
Iesus ! L'Ange dit à la Vierge, lors qu'il deuoit naistre, *Il sera appellé Iesus*, mais la Vierge le sçeut encore mieux, de la priere qu'il
fit, lors qu'il fut prest de mourir. Sa mort,
auec sa priere, beaucoup plus que sa naissan-
ce auec la parole des Anges, iustifierent qu'il
estoit Iesus, lors qu'il dit & qu'il fut exaucé,
*Pere pardonne leur, car ils ne sçauent ce qu'ils
font.*

Mes Freres, le Sang du Fils de Dieu, demande encore grace. Le sang d'Abel crie,
mais le Sang du Fils de Dieu prie : Iesus dit
encore, *Pere pardonne leur.* Le Sacrement,
dont vous voyez les symboles sur cette Table, vous en est vn témoin que vous deuez
croire, & vn gage que vous deuez receuoir.
Car il ne vous represente pas seulement par
les signes sacrez de son pain rompu, & de son
vin répandu, l'histoire de la Passion du Fils
de Dieu, où sa chair a esté déchirée des épines & des clouds, & son Sang a esté répandu
par le fer de la lance. De cette sorte, le Sacrement ne seroit qu'vn tableau, & il est
vne richesse de grace. Cette sainte & salu-
taire Ceremonie, est pour vous assurer de

l'intention charitable du Fils de Dieu , qui
a bien voulu à cette triste condition estre vostre Sauueur, pour pouuoir dire , *Pere pardonne leur.* Si vous voulez donc, mes Freres , auoir aussi vostre part à cette voix du
Sauueur du Monde , qui dit , pardonne leur,
& à l'efficace de cette voix , qui obtient infailliblement le pardon ; venez celebrer le
Sacrement auec toute la deuotion que vous
deuez à cette ceremonie de la nouuelle Alliance.   Venez renouueller dans l'Eglise la
memoire de la mort de Iesus Christ, en me-
diter les merueilles , & vous en appliquer
le merite. Venez à cette Table sacrée, sa-
tisfaire à vostre deuoir, à vostre pieté, & à
vostre interest. Venez estre les Herauts &
les Euangelistes de la mort de Iesus Christ.
Venez vous pancher sur ce diuin Propitia-
toire. Venez receuoir de sa plenitude grace
pour grace : que vostre esprit & vostre cœur
s'y portent sans aucune distraction ; ne pen-
sant & ne s'appliquant qu'à ce saint mystere,
& s'y recüeillans tous entiers. Laissez là les
choses du Monde, & ne vous embarrassez
pas du soin de ses affaires : chassez les inter-
ruptions qui peuuent vous venir de ce costé-
là , & donnez-vous tout-à-fait à la medita-
tion de vostre grand Dieu & Sauueur.   Re-

gardez ce qu'il a fait pour vous, & pleurez ce que vous auez fait contre luy. Reconnoiſſez qu'il eſt dans vne place où vous deuiez eſtre; qu'il eſt mort, luy Iuſte, pour vous iniuſtes, & que ce n'eſt qu'en voſtre conſideration, qu'il eſt deſcendu du Thrône, pour monter ſur la Croix. Il ne penſoit alors qu'à vous, vous ne deuez penſer à preſent qu'à luy. Ouy, c'eſt principalement dans le moment de la Communion, qu'il ne ſe faut propoſer que Ieſus Chriſt crucifié. Quand ie me repreſente la ſainte Vierge, & le S. Apoſtre S. Iean, au pied de la Croix, ayant les yeux & le cœur toûjours ſur Ieſus Chriſt; bien éloignez d'entrer dans aucune des penſées & des paſſions du Monde : Ie deſirerois que les communians fuſſent deuant la Table du Sacrement au meſme eſtat, n'ayant point d'autre obiet qui les attire, les occupe, & qui les retienne, ſans ſe meſler par aucun égarement dans les conuoitiſes du ſiecle. Sans doute, vne ame ſeroit bien diſpoſée pour communier, qui auroit vne deuotion auſſi recüeillie & auſſi fixée deuant la Table du Sacrement, que l'attention de la Vierge & de S. Iean eſtoit arreſtée au pied de la Croix. Il eſt tres-neceſſaire d'eſtre attaché de cette ſorte, pour receuoir les fruits du

Sacrement. *Si tu me vois monter en haut, di-*
soit Elie à Elisée, tu receuras ce que tu deman-
de, & tu verras descendre ce que tu attens. Pen-
sez que Iesus Christ vous en dit autant, Si
vous me voyez monter sur la Croix, vous
receurez ce que vostre foy se propose, & ce
qui est l'obiet de vostre esperance. Vous me
verrez descendre dans vostre cœur, & i'en
feray le Sanctuaire de mes benedictiõs.
Mais le moyen, direz-vous, d'estre si parfaitement recüeillis en soy-mesme, ou plustoft
vers Iesus Christ, sans estre distrait ailleurs?
Mes Freres, souuenez vous de Moyse, lors
qu'il estoit sur la Montagne auec Dieu, il y
eut vn nuage épais qui luy osta la veuë des
choses crées, tellement qu'il ne voyoit rien
du tout, comme s'il n'y eust eu que Dieu &
luy au Monde. Demandez à Dieu qu'il forme aussi pour vous vne nuée, mais vne nuée
mystique, toute composée de sentimens d'a-
mour & de pieté, qui vous soit vn voile
épais, qui vous empesche de regarder vers
la terre, & vous tienne entierement separez
de ces obiets, vous fasse demeurer seuls auec
Iesus Christ crucifié. De cette sorte, vous
l'entendrez bien clairement: n'estans étour-
dis d'aucun bruit de la terre, vous l'entendrez priant, *Pere pardonne leur;* & vous entendrez

tendrez aussi le Pere luy répondant, ouy, ie
leur pardonne: Vous entendrez Iesus disant,
Pere pardonne à cette ame qui ne pense qu'à
moy dans le Sacrement ; elle a peché, mais
elle ne sçauoit pas qu'elle pechoit : Vous
entendrez le Pere disant, ouy ie luy pardonne ses ignorances, allez en paix, & ne crai-
gnez plus, vos pechez vous sont pardonnez.
Mais, peut-estre me direz-vous, vous me
pressez bien de communier au Sacrement,
pour auoir part à la priere du Fils & à l'absolution du Pere : & cependant ie ne me sens
nullement coupable du crime d'auoir crucifié Iesus Christ : Ie ne suis ny Pilate, ny Caï-
phe, ny Iuif, ny Romain, ny iuge, ny execu-
teur : Ie n'ay point esté du party de ces gens
là, & ie n'ay point trempé dans leur coniu-
ration. Quoy que vous en disiez, pecheurs,
vous y auez trempé. Ie veux que vous ne
soyez pas ces personnes-là ; mais en ce que
vous estes pecheurs, vous estes consentans
à ce qu'ils ont fait ; au moins auez-vous attiré la iustice de Dieu sur luy. S'il n'eust pas
esté chargé de vos pechez, il n'auroit pas esté
pendu au bois, & Dieu n'auroit iamais per-
mis la perfidie de Iudas, ny le iugement de
Pilate, ny l'execution des Romains. Dites-
moy aussi ? n'auez-vous pas vos pechez par-

E

ticuliers, quand vous n'auriez nulle part à
ceux des Iuifs & des Romains.   Ie l'auoüe,
mes Freres, il seroit rude, & mesme il seroit
iniuste, de vous comparer à cette maligne
troupe de gens qui regardoit Iesus Christ
sur la Croix auec vn esprit d'outrage & de
fureur.   Ie n'ay garde de vous mettre en
compagnie auec ces grands criminels, auec
cette *Eglise de méchans* : vous naissez Chre-
stiens en vertu de l'Alliance.   Vous estes ba-
ptisez au nom de Iesus Christ.   Vous viuez
dans l'Eglise de Dieu, & dans la communion
des Saints.   Mais nonobstant ces grands ad-
uantages, vous n'estes pas innocens.   Ie ne
vous accuse point auec enuie, ne vous flattez
point auec dissimulation.   Vous n'estes pas
de ceux qui ont crucifié nostre Seigneur Iesus Christ : mais combien de fois auez vous
prophané son nom ? méprisé son Euangile?
violé ses commandemens ? negligé son cul-
te ? & fait peu d'estat de la gloire qu'il vous
a reuelée ? au prix de la gloire du Monde
que le Diable vous monstre.   Ha ! que ce
cœur, si vous en voulez parler dans la verité!
Ha ! que ce cœur est coupable de pechés!
Qu'il est sorty de ce mauuais thresor de mau-
uaises pensées, & qu'il en est sorty de mau-
uaises actions.   Prophanes, impurs, ambi-

rieux, auares, orgueilleux, menteurs, furieux, médifans, trompeurs, vindicatifs, lu-
xurieux, ouuriers d'iniquité, n'eftes-vous
pas dans ce Temple ? Sans doute il y en a
beaucoup qui fe reconnoiffent à ces noms,
& qui fe difent en fecret : il parle à moy : Ie
fuis ce qu'il dit : Le monde ne le voit pas,
mais ma confcience m'accufe ; helas, i'ay
horreur de mes pechés cachez. Seruez-vous
donc du moyen pour eftre déchargez, &
n'en eftre plus tourmentez. Venez boire du
Sang que vous auez répandu, & manger de
la Chair que vous auez crucifiée. Venez receuoir voftre grace du Pere, par la priere du
Fils voftre Mediateur. Venez auffi luy demander au Sacrement fon Efprit, afin que
vous fçachiez deformais ce que vous faites:
Que vous vous conduifiez par fes lumieres:
Que vous fuiuiez fes infpirations : Que vous
obeiffiez à fes Loix, & que vous ne foyez
pas toûjours reduits à demander grace. Les
Iuifs ne crucifierent qu'vne fois Iefus Chrift,
il conuerfa encore dans la Iudée apres fa re-
furrection ; mais il ne fut plus faifi, ny liuré
vne feconde fois à Pilate. Pourquoy donc
redoubleriez-vous vos pechez ? Pourquoy
renouueleriez-vous vos actions paffées ?
Pourquoz feriez-vous pires que les Iuifs, qui

F 2

ne le crucifierent qu'vne fois ? Il faut au
moins , apres auoir chargé vne fois cet A-
gneau de Dieu de nos offences, le couronner
de nos loüanges : Il faut benir celuy qui a
esté fait malediction pour nous : Il faut rendre hommage , il faut donner de l'encens à
celuy qui nous est l'Auteur de tant de biens,
& qui nous a esté *fait de par le Pere Sapience,
Iustice, Sanctification & Redemption.* Sur tout
il faut imiter cette parfaite charité qu'il a té-
moignée sur la Croix. Il nous auoit donné
vn nouueau commandement dans sa Parole,
il nous donne vn nouuel exemple dans sa
Passion. Prier le Pere qu'il pardonne à ses
meurtriers, c'est à dire, i'attens que vous en
fassiez autant : Que cette lumiere de grace
luise aussi en vous, & qu'il paroisse que vous
rendez dans la mesme mesure qu'il vous a
esté donné ; pardonnant, comme il vous a
esté pardonné. N'est-ce pas aussi ce qu'a
fait S. Estienne, comme nous l'apprend S.
Luc. Car lors que les Iuifs le lapidoyent,
il s'écria , *ne leur impute point ce peché.* Et
Eusebe nous en dit autant de S. Iacques:
Car lors que les Iuifs le precipitoyent du
haut du Temple, il s'écria, *Seigneur pardonne
leur, car ils ne sçauent ce qu'ils font.* L'histoire
de l'Eglise a plusieus autres imitations sem-

blables de I. Chrift. Les Martyrs prioyent pour les Empereurs Payens, par les commandemens defquels ils eftoient affligez; pour les Iuges qui les auoient condamnez, & pour les bourreaux mefmes qui les executoient. Toutes ces Etoiles qui fe font leuées depuis le coucher de noftre diuin Soleil, de qui ils ont receu cette belle lumiere de charité, inuitent les mourans à augmenter le nombre de ces faints Hommes. Car les Fideles ne pouuant viure entierement dans la Iuftice, doiuent mourir dans la Charité. Il ne faut pas mefme attendre la mort, il faut viure dans la Charité. Et l'exemple de Iefus Chrift & de fes Fideles imitateurs, fe doit répandre dans noftre conuerfation, felon les occafions que Dieu nous en enuoye. Car fi lors qu'on eft affligé iufqu'à la mort, il faut non feulement pardonner au meurtrier, mais encore demander à Dieu fa grace; combien dauantage fommes-nous obligez de pardonner à ceux qui nous ont feulement offencez par leurs paroles, ou par leurs actions ; qui apres tout ne font que l'effufion de leur bile, & non de noftre fang; des traits décochez en l'air, & qui n'ont pas atteint noftre cœur; des playes qui ne font douloureufes que dans noftre imagination,

& qui ne nous font du mal, que selon que
nous voulons nous-mesmes en souffrir. Ils
doiuent mesme d'autant plus estre alors le
suiet de nostre misericorde, que nous de-
clarons souuent, que les iniures qu'ils nous
font, sont des passions dereglées, des actions
d'emportement, où ils ne nous connoissent
pas, & ne se connoissent pas eux-mesmes;
si bien qu'ils ne sçauent ce qu'ils font, &
qu'ils sont semblables à des insensez, qui se
heurtént à ce qu'ils rencontrent : ce ne sont
en effet que des égaremens d'esprit, des
étourdissemens de teste, des dereglement de
conduite, qui causent ces violences : Et quoy
que le monde en die, il y a de l'honneur à les
pardonner, & de l'inhumanité à ne les pardonner pas. Car il vaut mieux, & il y a
plus de gloire, d'estre imitateur de Iesus
Christ, qui veut que l'on pardonne, que de
suiure les hommes du siecle, qui conseillent
de se vanger. Mesmes dans le siecle ne
voyons-nous pas que c'est le Prince qui donne des lettres de grace, & que c'est vn bour-
reau qui mene au suplice. Enfin, tenons-
nous-en à l'exemple de nostre Sauueur, qui
estant sur la Croix disoit, *Pere pardonne leur.*
Quoy, il pardonne à ceux qui le crucifient,
& solicite de plus le Pere de leur accorder

leur grace.　Et nous qui voyons noſtre vie
en ſeureté, nos perſonnes non bleſſées, noſtre ſanté non alterée, nos biens conſeruez,
noſtre honneur à couuert; nous ne pardon-
nerions pas à ceux qui ne ſont nos ennemis,
que pour quelque cauſe legere; qui au moins
ne le ſont pas pour auoir répandu noſtre
ſang.　Prenons y garde, car il n'y aura point
de miſericorde de Ieſus ny du Pere, pour
ceux qui ne feront point de miſericorde.
Ayons donc vn cœur tendre & ſenſible, non
pour les iniures, mais pour le pardon : vn
cœur de Ieſus, du threſor duquel la charité
tire inceſſamment des richeſſes de grace: vn
cœur enfin, qui puiſſe ſe rendre ce témoignage, Ie ne hay point ceux qui m'offen-
cent, ie ne me vange de perſonne, ie ſens le
mal qu'on me fait, mais ie n'en ay point de
reſſentiment, ie pardonne à qui que ce ſoit,
& ie prie Dieu que luy-meſme leur pardonne.　C'eſt là, mes Freres, le moyen infailli-
ble d'obtenir auſſi que le Pere nous pardonne, ſuiuant la priere de Ieſus Chriſt; &
d'auoir auſſi part vn iour à cette autre parole de Ieſus Chriſt eſtant ſur la Croix, *Auiour-*
dhuy tu ſeras auec moy en Paradis. AINSI
SOIT-IL.